Edict de Creation de

deux Commiſſaires en chacune des villes où il y a Eſlection & grenier à ſel au reſſort de la Cour des Aydes à Paris ; & Declaration ſur iceluy à l'inſtar des Commiſſaires au Chaſtelet de Paris : Et Arreſt de verification de ladite Cour.

A PARIS,

Chez ROLIN THIERRY Imprimeur
& Libraire, ruë ſainct Iacques,
au Soleil d'Or.

1609.

Edict de Creation de

deux Commiſſaires en chacune des villes où il y a Eſlection & grenier à ſel au reſſort de la Cour des Aydes à Paris; & Declaration ſur iceluy à l'inſtar des Commiſſaires au Chaſtelet de Paris: Et Arreſt de verification de ladite Cour.

ENRY PAR LA GRACE DE DIEV ROY DE FRANCE ET DE NAVARRE. A tous preſens & aduenir ſalut. S'eſtant depuis pluſieurs années experimenté combien l'attribution & ampliation donnée & octroyé par feu noſtre tres-honoré ſieur & frere le Roy dernier decedé, aux Cómiſſaires du Chaſtelet de no-

A ij

ſtre bonne ville de Paris , pour la taxe
des deſpés des procez, ont apporté de
commodité au public : Nous en aurions bié voulu faire eſtendre le fruict
& vtilité iuſques aux Baillages de nos
Prouinces. Afin qu'à l'aduenir il fuſt
rendu aux parties vne plus briefue iu-
ſtice & expedition à moins de frais
que par le paſſé , par le moyen de cét
eſtabliſſement : Ceſt pourquoy pour
ces conſiderations & autres qui nous
ont eſté repreſentez: Aurions creé par
noſtre Edit verifié au mois de Iuin dernier ſemblables offices, pour proceder
à la taxe des deſpens deſdits ſieges pre-
ſidiaux à l'exéple de ceux dudit Chaſtelet, qui les exercét à preſent, au grãd
contentement de noſdits ſujets : Et
d'autant qu'il n'eſt pas moins neceſſai-
re d'eſtablir & inſtituer pareils offices
és autres Iuridictions, qui ont eſté ob-
miſes faiſans ladite creation comme
les Eſlectiõs & greniers à ſel: Auriõs e-
ſtimé que ceſte exceptió & la diuerſité
des formes des vnes aux autres, pour-
roit engendrer quelque deſordre &
empeſcher l'expedition & briefueté

de la iustice qui s'en doit ensuiure , qui
seroit directement contre nostre in-
tention declaré amplemét par nostre-
dit Edit. En consequence & suitte du-
quel, mesmes à cause de la multiplicité
des procez & differéts qui naissent entre nosdits sujets , pour les surtaux des
Tailles , fermes des Aydes , leuées de
Pionniers & de munitions , cheuaux
d'artillerie que autres cas pour le faict
des Gabelles contraires aux Regle-
ments & Ordonnances sur ce faites,
pour lesquels il s'intente procez parde-
uant lesdits corps desdites Eslections
& greniers à sel , auec condamnation
de despens d'vne partie enuers l'autre.
Nous de l'aduis de nostre Conseil au-
quel ladite creation a esté trouuée &
iugée raisonnable pour le bien & commodité de nosdits sujets, sans leur ap-
porter ny à nous aucune charge : Eu
esgard aussi que par les procez verbaux
des Commissaires enuoyez par nos
Prouinces, l'on auroit recognu le mes-
pris que font nosdits officiers en corps
desdits Eslections, de faire ré dre com-
pte aux Procureurs des parroisses , sui-

A iij

uant nos Ordonnances: Auons par ce-
stuy nostre Edit perpetuel & irreuoca-
ble , creé & erigé , creons & erigeons
deux Commissaires en chacune des
villes où il y a Ellection & grenier à
sel , qui taxeront les despens des procez iugez , tant en l'audience qu'en la
Chambre du conseil, auec les frais des
Commissaires , & examineront les
comptes des Procureurs des fabricques & du general des parroisses qu'ils
seront tenuz rendre en fin de chacune
année:Ensemble les estats & comptes
de ceux qui auront fourny cheuaux
d'artillerie,pionniers , viures & munitions en vertu des commissions à
eux enuoyez , sans qu'autres s'y puissent entremettre , à peiné de nullité.
Ausquels offices sera des à present par
nous pourueu , & doresnauant vaccation aduenant de personnes capables,
Pour en iouyr aux honneurs, auctori-
tez & droicts , tels & semblables dont
iouyssent les pourueuz de pareils offices aux sieges Presidiaux : Que nous
leur auós ordonnez & attribuez , tout
ainsi que si le tout estoit cy par le menu

specifié & declaré: Et outre aux gaiges
de seize escus deux tiers, que nous
leurs auons ordonnez à prendre sur
les amendes desdits Eslections & greniers à sel de leur ressort, desquels
mandons aux Tresoriers generaux de
Frāce, faire fonds aux Receueurs par-
ticuliers par chacun an, afin de leur dō-
ner moyē de s'entretenir & exercer lesdits offices auec plus d'integrité & vigi-
lāce pour le bien de nos sujets, dont s'il
se trouue vtile pour le soulagement
du public se pourront faire pouruoir
les Presidens ou Esleuz desdits Eslections: Et és lieux où il y a seulement
grenier à sel, les Grenetiers, Lieute-
nās & Côtrerolleurs deux mois apres
la veriffication des presentes, sans pour
ce faire autre noūueau serment que celuy qu'ils ont cy deuāt presté, & ledit
temps passé, toutes autres personnes
capables y seront admises. SI DON-
NONS EN MANDEMENT à nos
amez & feaux Conseillers, les gens te-
nant nostre Cour des Aydes à Paris.
Que ces presentes ils verifient & fas-
sent registrer, & le contenu en icelles

garder inuiolablement sans souffrir qu'il soit contreuenu aucunement : car tel est nostre plaisir. En tesmoin de-quoy nous auons fait mettre nostre seel à cesdites presentes, Sauf en autres choses nostre droict & l'autruy en toutes. Donné à Paris au mois de Ianuier, l'an de grace mil cinq cens quatre vingt & dix-huict, & de nostre regne le neufuiesme.

Signé, HENRY. Et sur le reply, Par le ROY. DE NEVF-VILLE. Et scellé sur lacqs de soye rouge & verte du grand sceau de cire verte, Et encore sur ledit reply est escrit :

Registrées, ouy le Procureur general du Roy, aux charges portées par l'arrest de ce iour. A Paris en la Cour des Aydes, le vingt-sixiesme iour de Septembre l'an mil six cens neuf.

Signé, DVPIN.

HENRY

HENRY par la grace de Dieu Roy de France & de Na-uarre. A tous ceux qui ces presentes lettres verront sa-lut. Encores que l'Edit fait par le feu Roy dernier decedé noftre tres-ho-noré fieur & frere que Dieu abfol-ue, portant creation des Commiffai-res examinateurs és iurifdictiós de ce Royaume, & par nous confirmé, ait efté verifié par la plus part de nos Cours fouueraines, & qu'à leur exem-ple noftre Cour des Aydes de Paris, euft deu paffer fans difficulté à la ve-rification de celuy qui leur a efté pre-fenté de noftre part, portant creation de mefmes offices, és Eflectiós & gre-niers à fel de ce Royaume: Neãtmoins elle a retardé iufques à prefent ladite veriffication, ainfi qu'il appert par fon arreft cy attaché fous noftre contre-fel, fans nous donner à cognoiftre au-tre raifon de fon reffus, finon pour ce qu'il femble que ledit Edit n'eft affez exprimé, aquoy voulons fatisfaire, afin de luy ofter tout fujet dudit retar-dement, & du fruict que nous efperós

B

de ladite verification , aussi que par ce
moyen nous puissions retrancher tous
les procez & differents qui se pour-
roiét mouuoir , entre plusieurs de nos
officiers, à faute de l'interpretation &
esclaircissement dudit Edit. A ces causes apres auoir de rechef meurement
deliberé de cét affaire en nostre Conseil. Sçauoir faisons, Que nous auons
dit, declaré, voulu & ordonné, disons,
declarons, voulons & ordonnons &
nous plaist , en interpretant & ampli-
fiant ledit Edit, que lesdits Commissaires és Eslections & greniers à sel de
nostre Royaume , ainsi par nous nouuellement creez par nostre Edit du
mois de Ianuier mil cinq cens quatre
vingt dix-huict , mentionné par ledit
arrest, exerceront lesdits offices , con-
formément à nostre dit Edit, & à l'in-
star de ceux de nostre Chastelet de
Paris, & de ceux desdits Baillages , &
sieges Presidiaux , en ce qui concerne
l'examen & audition des comptes,
enquestes , informations , interroga-
toires , recollement de tesmoins , afin
que les parties en reçoiuét plus prom-

pte expedition que par le paſſé, enſemble les taxes de deſpens qui ſeront ad-
jugez, ainſi qu'il eſt porté par leſdits
Ediᶜts, Et generalement toutes les autres functions y contenuës, d'auanta-
ge auſſi pour ce qui regarde l'audition
des comptes des fabricques, eſtats &
comptes des parroiſſes, & Commu-
nautez, comme de tous deniers qui ſe
leueront ſur nos ſujets, pour quelque
cauſe & occaſion que ce ſoit, dont les
comptes ne ſe rendront en nos chambres des Comptes, attribuant à cét ef-
fеᶜt auſdits Commiſſaires ainſi par
nous nouuellement creez, toute Cour
& iuriſdiᶜtiõ, auec les meſmes droiᶜts,
fruiᶜts, proffiᶜts, reuenuz & eſmolu-
mens, que prennent leſdits Commiſſaires deſdits ſieges & iuriſdiᶜtions de
ce Royaume, & meſmes honneurs,
prerogatiues, priuilleges, immunitez,
franchiſes & libertez, qu'ont & per-
çoiuent les officiers de nos Eſleᶜtions,
& leur ſont à preſent attribuez par nos
Ediᶜts & Declaratiõs, ſans qu'és fun-
ᶜtiõs cy deſſus ſpecifiées & deſignées,
autres perſonnes que leſdits Commiſ-

faires par nous nouuellemẽt creez, s'y
puissent immiscer en quelque sorte &
maniere que ce soit, Ce que nous leur
deffendons par ces presentes, mesmes
aux Presidens, Lieutenans, Esleuz, &
autres officiers desdites Eslections, &
greniers à sel, à peine de nullité de pro-
cedures, prise à partie, & de tous despens, dommages & interests. Si don-
nons en mandement, à nos amez &
feaux Conseillers les gens tenans nostre Cour des Aydes à Paris : Que ces
presentes nos lettres de Declaration
& interpretation, ensemble ledit Edit,
ils facent registrer, & du contenu en
iceux, faire iouyr les pourueuz desdits
offices, plainement, & paisiblement,
sans y faire aucun reffuz, ou difficulté,
ny attendre de nous autre ny plus expresse declaration de nostre volonté
que cesdites presentes, que nous voulons vous seruir de toutes lettres & absolu commandement que sçauriez
attendre, tant pour le regard dudit E-
dict, que ceste nostre presente inten-
tion. Mandant & enjoignant à nostre
Procureur general en ladite Cour, fai-

re toutes requisitions necessaires en
nostre nom, & nous mãder au plustost
la diligence que nostredite Cour y
aura apportée : Car tel est nostre plaisir , En tesmoin dequoy nous auons
fait mettre nostre scel à cesdites presentes. Donné à Paris , le seiziesme
iour de Iuillet, l'an de grace mil six cẽs
sept , & de nostre regne le dix-hui-
ctiesme.

Signé, HENRY. Et sur
le reply , Par le ROY. POTIER.
Et scellé sur double queuë du grand
sceau de cire iaulne. Et encore sur ledit reply est escrit.

*Registrées , ouy le Procureur general du
Roy aux charges portées par l'arrest de ce
iour. A Paris en la Cour des Aydes le vingt-
sixiesme iour de Septembre , l'an mil six cens
neuf.*

Signé, DVPIN.

EXTRAICT DES RE-
giſtres de la Cour des Aydes.

V E v par la Cour les Chambres aſſemblées les lettres patentes du Roy en forme d'Edict, données à Paris au mois de Ianuier, mil cinq cens quatre vingt dix-huict, ſignées Henry, & ſur le reply par le Roy, de Neufuille, & ſcellées du grand ſceau de cire verte ſur lacqs de ſoye rouge & vert: Par leſquelles ledit ſeigneur pour les cauſes & conſiderations y contenuës, creé & erigé en chacune des villes où il y a Eſlections & greniers à ſel, deux Commiſſaires pour taxer les deſpens des procez iugez tant en l'audiance qu'en la Chambre du Conſeil, ouyr les comptes des Procureurs des fabricques, & en general des parroiſſes qu'ils ſeront tenuz rendre en fin de chacune année, enſemble les eſtats des comptes de ceux qui auront fourny de cheuaux d'artillerie, Pionniers, viures, munitions, en vertu des commiſſiós à eux enuoyées

pour iouyr par les à present pourueuz,
& quand vaccation arriuera de pareils & semblables droicts dont iouyssent les pourueuz de pareils & semblables offices aux sieges Presidiaux , &
outre aux gaiges de seize escuz deux
tiers, à prendre sur les amandes desdites Eslections & greniers à sel de leur
ressort, ainsi que plus au long est porté
par ledit Edict ; Arrest de ladite Cour
du cinquiesme May, mil cinq cēs quatre vingt dix-neuf : Lettres de iussion
sur iceluy du cinquiesme Decembre
mil six cens cinq , Autre Arrest du
vingt-troisiesme Mars mil six cens six,
Autres lettres de iussion du quatriesme Iuillet ensuiuant: Autres lettres patentes de sa Majesté en forme de Declaration données à Paris le seiziesme
Iuillet mil six cens sept, signées Henry
& sur le reply par le Roy, Potier, &
scellées sur double queuë du grand
sceau de cire iaulne, par lesquelles &
pour les causes & considerations y
contenuës, sadite Majesté mande à ladite Cour que lesdites lettres de Declaration portant interpretation dudit

Edict du mois de Iãuier quatre vingt
dix-huict , ensemble ledit Edict elle
eust à faire enregistrer , & du contenu
en icelles faire iouyr les pourueuz desdits offices plainement & paisiblemét,
sans y faire aucun reffus ny difficulté,
& attendre autre plus expresse Declaration , que sadite Majesté veut seruir
de toutes lettres & absolu commandement . Arrest de ladite Cour du
vingt-neufuiesme Auril mil six cens
huict , par lequel ladite Cour dit ne
pouuoir entrer en la verification desdites lettres: Autres lettres patentes du
Roy en forme de iussion , données à
Paris le quatriesme May mil six cens
huict, signées Henry, & plus bas par le
Roy, Potier. Par lesquelles & pour
les causes y contenuës sadite Majesté
auroit mandé & expressemét enjoinct
à ladite Cour, que toutes affaires ces-
santes elle aye à passer outre à la verification pure & simple des lettres patentes en formes d'Edict & Declaration;
Arrest du vingt-vniesme May mil six
cens huict, par lequel la Cour auroit
dit ne se pouuoir departir de ses arrests

ey

cy deuant donnez sur lesdits Edicts &
Declaration, & supplie tres-humble-
ment le Roy l'en excuser : Autres lettres de iussion données à Paris le quin-
ziesme Iuin mil six cens huict, signées
& scellées comme les precedentes, par
lesquelles est mandé à ladite Cour
qu'elle ait à ne faire aucun reffuz de
verifier ledit Edict & Declaration se-
lon sa forme & teneur, attendu les pre-
cedens commandemens, & sans en
attendre autre plus exprez que lesdites
lettres de iussion. Autres Arrests du
premier Septembre audit an mil six
cens huict, Lettres de iussion sur iceluy du vingt-troisiesme Septembre
audit an, signées & scellées comme les
precedentes: Arrest sur ce interuenu le
douziesme   mil six cens neuf,
par lequel elle auroit dit ne se pouuoir
departir de ses Arrests, & supplie tres-
humblement le Roy l'en excuser: Autres lettres de iussion à ladite Cour
données à Paris le huictiesme Auril
mil six cens neuf, signées & scellées
comme les precedentes, par lesquelles
luy est mandé que toute difficulté ces-

fanté, & nonobftant les motifs de fes
arrefts & remonftrances qu'elle pour-
roit fur ce faire, que ledit feigneur auroit tenu pour bien entenduës, elle ait
à verifier purement & fimplement ledit Edict & Declaration fur iceluy fe-
lon leur forme & teneur, fans attendre
autre plus expreffe iuffion que lefdites
lettres, par lefquelles eft mandé au
Procureur general du Roy faire toutes diligences à ce neceffaires : Arreft
de ladite Cour fur ce interuenu le dou-
ziefme iour d'Aouft mil fix cens neuf,
Par lequel la Cour dit qu'elle ne fe
peut departir de fes arrefts: Autres lettres de iuffion à ladite Cour données
à Monceaux le vingt-feptiefme Aouft
audit an mil fix cens neuf, fignées &
fcellées comme les precedentes, par
lefquelles ledit feigneur fans attendre
autres remonftrances mande à ladite
Cour de ne defamparer l'exercice de
leurs charges, ny prendre les vaccations ordinaires, qu'elle n'ait au prea-
lable verifié ledit Edict & Declaration purement & fimplement, luy enjoignant ainfi le faire & à fes Procu-

reur general & Aduocats de ladite
Cour, de prendre leurs conclusions
tendantes à ladite verification pure &
simple: Autre Arrest sur ce interuenu
le premier Septembre audit an mil six
cens neuf, par lequel auroit esté ordonné que tres-humbles remonstrances seroient faites au Roy: Autres lettres de iussion à ladite Cour du douziesme dudit mois de Septembre, signées & scellées comme les precedentes: Par lesquelles ledit seigneur apres
auoir entendu les remonstrances à luy
faites par aucuns des Presidés & Conseillers de ladite Cour suiuant ledit
arrest, luy mande sans soy arrester à
icelles de procedder à la verification
pure & simple dudit Edict & Declaration auparauant les vaccations qu'il
luy enjoinct de ne prendre auant ladite verification, laquelle il enjoinct à
ses Procureurs & Aduocats generaux
de poursuiure instamment l'acte d'opposition à la verification dudit Edict
& Declaration faict au greffe de ladite
Cour le vingtiesme Iuin mil six cens
euf, par les Esleuz en l'Eslection du

Mans signifiées le cinquiesme dudit
mois, conclusions du Procureur general du Roy, & apres que tres-humbles remonstrances ont esté faites audit seigneur en son Conseil, & tout
consideré. LA COVR du tres-
exprez commandement du Roy tant
de viue voix que par escrit, a ordonné & ordonne que ledit Edict & lettres de Declaration du seiziesme de
Iuillet mil six cens sept, seront registrées au greffe d'icelle, à la charge
que dedans deux mois apres la notifi-
cation dudit Edict en chacune des
Eslections les officiers d'icelles seront
preferez à prendre & leuer lesdits offices de Commissaires suiuant ledit E-
dict, & que d'oresnauant les comptes
des Procureurs, Scindics, Fabriciers
& Marguilliers des paroisses, se rendront à la forme accoustumée, parde-
uant lesdits Commissaires & non autres : Et outre que ceux qui seront
pourueuz desdits offices, outre lesdits
Esleuz, seront tenuz faire le serment
en ladite Cour, & sur l'opposition desdits Esleuz du Mans, ladite Cour a or-

donné & ordonne que les parties se
pouruoiront pardeuers le Roy en son
Conseil, pour leur estre fait droict ainsi que de raison. Prononcé le vingt-
sixiesme iour de Septembre mil six
cens neuf.

Signé,   DVPIN.

22

AV iourd'huy
iour de   mil six cens
neuf, i'ay Sergĕt Royal soubs-signé, signifié &
fait à sçauoir aux Conseillers & Esleuz de
l'Eslection de

ad ce qu'ils n'en pretĕdent cause d'ignorance,
l'Edit dont coppie est cy dessus, & qu'ils ayent
à y satisfaire si bon leur semble, & ce faisant
r'embourser le prix de la quitance de finance
des offices de Cõmissaires, dõt creation est fai-
te par ledit Edict dedans les deux mois cy
mentionnées, autremĕt & à faute de ce faire
& ledit temps passé, qu'ils n'y seront plus re-
ceuz, leur declarant que les roolles des taxes
desdits offices & quitances de finance sont
entre les mains de noble homme maistre

demeurant à Paris ruë de
& que lesdits deux mois passez, il sera pourueu ausdits offices, suiuant ce qui est porté par
iceluy Edict, fait